Wordpress

Sommario

Premessa

Era il 2003 quando ho scoperto il software per blog WordPress. Molto tempo fa (e negli anni di Internet, in realtà un bel po' di tempo fa) ho usato Movable Type come piattaforma di blogging ma poi un amico mi ha fatto conoscere il software WordPress. "Prova", mi ha detto. "Ti piacerà davvero." Essendo abbastanza abitudinario mi sentivo riluttante al cambiamento ma ho voluto dargli un'opportunità. Da allora lavoro solo ed esclusivamente con WordPress.

WordPress ha creato uno strumento per i blog in modo che autori, studenti, genitori, imprenditori, accademici, giornalisti, hobbisti - chiunque – possano usare i blog in modo molto semplice. Negli ultimi dieci anni, WordPress è emerso come il principale sistema di gestione dei contenuti oggi disponibile su Internet. Il software WordPress attualmente alimenta circa il 25 percento dei siti Web che vedi sul World Wide Web, il che significa che 1 sito Web su 4 di quelli che visiti è creato e gestito con WordPress.

Oggi, WordPress è molto più di uno strumento di blogging. Individui, organizzazioni e aziende utilizzano WordPress per costruire la loro intera presenza sul web. WordPress è diventato una valida soluzione per tutto, dalla vendita di prodotti su Internet ai siti istituzionali, dai blog ai media: praticamente tutto ciò che pensi di poter fare con il tuo sito web può essere realizzato con WordPress.

Per un nuovo utente, alcuni aspetti di WordPress possono sembrare un po' intimidatori. Dopo aver dato un'occhiata dietro le quinte, tuttavia, inizi a capire quanto sia facile, amichevole ed estensibile il software.

Questo libro presenta uno sguardo approfondito a WordPress e tratta anche aspetti di gestione e manutenzione del tuo sito web basato su WordPress attraverso l'uso di plugin, temi e l'utilizzo dell'intuitivo WordPress Dashboard per gestire i tuoi contenuti.

Se sei interessato a dare uno sguardo dettagliato allo strumento di creazione di siti web fornito da WordPress, hai tra le mani il libro giusto. Questo libro copre tutti gli aspetti importanti di WordPress che i nuovi utenti devono conoscere per iniziare a utilizzare il software per il proprio sito web.

In questo libro, tratterò il pacchetto software disponibile su https://wordpress.org evidenziando tutti gli argomenti importanti, tra cui:

- Individuazione di buoni servizi di hosting per il software
- Installazione e configurazione del software WordPress
- Navigazione nella dashboard di WordPress
- Aggiunta di file multimediali al tuo sito web
- Ricerca e installazione di temi gratuiti da utilizzare nel tuo sito Web WordPress
- Utilizzo della codifica di base per progettare il tuo tema WordPress o modificare quello che stai utilizzando
- Utilizzo di modelli e tag in WordPress

- Installazione, attivazione e gestione dei plugin di WordPress

Con WordPress, puoi davvero adattare un sito web ai tuoi gusti e alle tue esigenze. Tutti gli strumenti utili sono già disponibili e in modo gratuito. Alcuni di essi sono confezionati con il software WordPress; altri sono plugin di terze parti e componenti aggiuntivi creati dai membri della comunità di utenti di WordPress. Ci vuole un po' di ricerca, conoscenza e tempo da parte tua per mettere insieme un blog che si adatta alle tue esigenze e offre ai tuoi lettori un'esperienza entusiasmante che li spinge a tornare per vedere le ultime novità.

Purtroppo, non ti conosco ma posso dirti alcune cose che presumo già su di te. Immagino tu abbia una conoscenza di base di cosa sono i siti web e i blog e sei interessato nell'usare WordPress per crearne uno tuo. Oppure hai già un sito web, stai già usando

WordPress e vuoi capire meglio il programma in modo da poter fare cose più interessanti e smettere di infastidire il tuo migliore amico nerd ogni volta che hai una domanda o qualche articolo da pubblicare.

Capitolo 1: Cos'è?

In un mondo in cui la tecnologia avanza in un batter d'occhio, WordPress rende la creazione di siti web davvero facile e gratuita! In quale altro modo puoi far conoscere i tuoi contenuti a un potenziale pubblico di milioni di persone in tutto il mondo senza spendere esattamente molto? Potresti organizzare qualcosa come un pranzo gratuito ma è un po' complesso quindi puoi scommettere molto meno usando siti web e blog gratuiti. WordPress offre tutto ciò in un pacchetto elegante.

Il prezzo gratuito del software, la sua facilità d'uso e la velocità con cui puoi far funzionare il tuo blog sono ottimi motivi per utilizzare WordPress per potenziare il tuo blog personale o sito web aziendale. Un motivo ancora più importante è la community di

WordPress incredibilmente solidale e appassionata. In questo capitolo, ti presento WordPress in modo che tu possa iniziare a scoprire quanto sia efficace come strumento per creare il tuo blog o sito web.

Lavoro sempre con i proprietari di siti web, sono persone che sono nuove all'idea di pubblicare contenuti su Internet. Una delle domande che mi vengono poste più di frequente è "Come posso gestire un sito web? Non so come creare siti web". Inserisci WordPress. Non devi più preoccuparti di conoscere il codice perché il software WordPress fa la parte del codice per te.

Quando accedi al tuo sito web, devi fare solo due semplici cose per pubblicare i tuoi pensieri e le tue idee:

1. Scrivi il tuo contenuto.

2. Fai clic su un pulsante per pubblicare il contenuto.

Questo è tutto! WordPress offre i seguenti vantaggi competitivi come strumento di gestione dei contenuti più popolare sul mercato:

- Diverse opzioni: sono disponibili due versioni di WordPress per soddisfare quasi ogni tipo di proprietario di siti web: WordPress.com è una soluzione chiavi in mano (già pronta all'uso), utilizzato principalmente per i blog mentre WordPress.org è una versione da installare sul server web di vostra scelta; utilizzato per la creazione di blog e siti Web.
- Facile da usare: la configurazione di WordPress è veloce e il software è facile da usare.

- Estendibilità: WordPress è estremamente estensibile, il che significa che puoi facilmente ottenere plugin e strumenti che ti consentono di personalizzarlo in base ai tuoi scopi.

- Forte comunità di utenti: WordPress ha una vasta e fedele comunità di membri che si aiutano tramite forum di supporto pubblico, mailing list e siti Web orientati all'uso di WordPress.

WordPress è una delle poche piattaforme che può vantarsi di un'installazione di 5 minuti! Entrambe le versioni di WordPress impiegano all'incirca la stessa quantità di tempo per configurarsi. Intendiamoci, cinque minuti sono un tempo di installazione approssimativo. Non include il tempo necessario per ottenere la registrazione del dominio e i servizi di web hosting o per impostare le opzioni nella dashboard.

Quando completi l'installazione, tuttavia, il mondo di WordPress è già pronto per te. La dashboard è ben organizzata e gradevole alla vista, tutto è chiaro e logico, rendendo facile anche per un utente alle prime armi vedere dove andare per gestire le impostazioni e le opzioni.

Il software WordPress ha sicuramente abbastanza elementi per tenere occupato e felice lo sviluppatore più esperto. Allo stesso tempo, tuttavia, è abbastanza amichevole per un utente inesperto per quanto sia facile iniziare a lavorarci. Ogni volta che usi WordPress, puoi scoprire qualcosa di eccitante e nuovo. Estendendo le capacità di WordPress, ho scoperto che la parte più eccitante e divertente dell'esecuzione di un sito Web WordPress è esplorare la flessibilità del software. Sono disponibili centinaia di plugin e temi (design) che ti consentono di creare un blog che funzioni nel modo in cui ne hai bisogno.

Se pensi al tuo sito web come ad un'aspirapolvere, i plugin sono gli accessori. Gli accessori non funzionano da soli, quando li aggiungi al tuo aspirapolvere, però, aggiungi la funzionalità della tua aspirapolvere, eventualmente migliorandone le prestazioni.

Temi e plugin

Tutti i siti Web di WordPress sono praticamente gli stessi nella loro essenza, quindi utilizzando i plugin, puoi davvero personalizzare il tuo sito Web fornendo funzionalità e strumenti aggiuntivi a vantaggio tuo e dei tuoi lettori. Quando ti imbatti in un sito Web WordPress che ha alcune funzioni davvero diverse e interessanti, il 98% delle volte puoi includere quella funzione sul tuo sito Web utilizzando un plug-in di WordPress.

Se non sai quale plug-in viene utilizzato da quel sito web, prova a inviare un'e-mail al proprietario del sito web o a lasciare un commento. I proprietari di siti Web WordPress di solito hanno piacere a condividere gli ottimi strumenti che scoprono, la maggior parte dei quali sono disponibili gratuitamente.

Oltre a utilizzare i plugin, puoi abbellire il tuo blog WordPress con modelli e temi. WordPress viene fornito con un file tema predefinito per iniziare. Esiste almeno un tema Twenty predefinito, creato dal team da WordPress, che viene visualizzato per impostazione predefinita dopo l'installazione e usato per la configurazione del blog per la prima volta. Lo stile predefinito del tema è davvero minimo, con una pratica applicazione nelle preferenze che ti permette di cambiare i colori e inserire un'immagine da usare come immagine di intestazione.

Il tema Twenty include tutti gli elementi di base necessari quando si avvia un nuovo blog WordPress. Puoi estendere il tuo blog WordPress in cento modi con plugin e temi rilasciati dai membri della comunità di WordPress, ma questo tema predefinito è un buon punto di partenza.

Utilizzando alcune delle migliaia di plugin e temi disponibili, puoi davvero gestire molti tipi diversi di contenuti sul tuo sito web. WordPress non è più solo per i blog (anche se eccelle ancora in quell'ambito!). Sebbene WordPress sia diventato ben noto come piattaforma di blogging, puoi usarlo per alimentare siti Web diversi e dinamici che ti consentono di fare cose come sviluppare un sito di e-commerce (vendita di prodotti online), creare un sito per soli membri in cui il tuo contenuto è curato solo per coloro che si sono registrati e diventano membri del tuo sito, oppure creano un grande sito aziendale. L'utilizzo di WordPress come CMS - sistema di gestione dei contenuti - ti libera dall'eseguire solo un blog sulla piattaforma.

La community

Permettetemi di presentarvi le persone fieramente fedeli che compongono la base di utenti, meglio conosciuta come la vasta community di WordPress. Questa banda di allegre signore e gentiluomini proviene da tutto il mondo, dalla California al Cairo, dalla Florida a Firenze passando da tutti i punti intermedi e oltre. Nel marzo 2005, Matt Mullenweg di WordPress ha proclamato con orgoglio che il numero di download di WordPress aveva raggiunto 900.000, un incredibile punto di riferimento nella storia del software. Ma la vera emozione si è verificata nell'agosto 2006, quando WordPress ha registrato più di 1 milione di download, e nel 2007, quando il software ha avuto più di 3 milioni di download. Il numero di download di WordPress ha superato il limite dal 2007 (oltre

5 milioni di download entro la fine del 2013) e il numero di utenti di WordPress è salito a decine di milioni e cresce ogni giorno.

WordPress è il sistema di gestione dei contenuti più popolare oggi disponibile sul web. Non lasciarti ingannare dall'enorme volume di utenti: WordPress può vantarsi di avere la community più utile sul Web. Puoi trovare utenti che aiutano altri utenti nei forum di supporto su https://wordpress.org/support. Puoi anche trovare utenti che contribuiscono all'utilissimo WordPress Codex (una raccolta di documenti illustrativi) su http://codex.wordpress.org.

Infine, su Internet, puoi trovare più blog su WordPress stesso, con gli utenti che condividono le loro esperienze e storie nella speranza di aiutare il prossimo. Puoi anche iscriverti a varie mailing list, questi elenchi ti offrono l'opportunità di essere coinvolto in vari aspetti della comunità di WordPress e nello sviluppo in corso del software. Entrare a far parte della community di WordPress è facile: è sufficiente avviare il proprio sito Web utilizzando una delle due opzioni del software WordPress.

Se stai già pubblicando su una piattaforma diversa, come Blogger o Movable Type, WordPress ti consente di migrare facilmente i tuoi dati attuali da quella piattaforma a una nuova configurazione di WordPress.

Capitolo 2: Piattaforme

Una delle difficoltà della gestione di un sito Web oggi è scegliere tra le tante piattaforme software per trovare quella che funziona nel modo di cui hai bisogno. Vuoi essere sicuro che la piattaforma che scegli abbia tutte le opzioni che stai cercando. WordPress è unico in quanto offre due versioni del suo software, ciascuna progettata per soddisfare diverse esigenze:

- La versione ospitata su https://wordpress.com.

- La versione auto-installata e auto-ospitata disponibile su WordPress.org. (Questo libro si concentra su questa versione)

Ogni configurazione del sito Web di WordPress ha alcune funzionalità disponibili, che tu stia utilizzando il software ospitato autonomamente da WordPress.org o la versione ospitata su WordPress.com. Queste funzionalità includono (ma non sono limitate a):

- Installazione e configurazione facili e veloci
- Funzionalità di blogging complete, che ti consentono di pubblicare contenuti sul Web tramite un'interfaccia di facile utilizzo
- Archiviazione dei post del tuo blog con topic, utilizzando le categorie
- Archiviazione mensile dei tuoi post, con la possibilità di fornire un elenco di tali archivi per una facile navigazione nel tuo sito
- Strumenti di commento e trackback
- Protezione automatica dallo spam tramite Akismet

- Integrazione della galleria incorporata per foto e immagini

- Media Manager per file video e audio

- Ottimo supporto per la comunità

- Numero illimitato di pagine statiche, che ti consente di uscire dalla modalità del blog e di entrare nella sfera della gestione di un sito Web completamente funzionale

- Capacità RSS (Really Simple Syndication) con RSS 2.0, RSS 1.0 e Supporto Atom

- Strumenti per importare contenuti da diversi sistemi di blogging (come Blogger, Movable Type e LiveJournal)

Versione hosted

WordPress.com è un servizio gratuito. Se il download, l'installazione e l'utilizzo di software su un server web ti sembra arabo e ti piacciono le cose che preferiresti evitare, gli sviluppatori di WordPress ti forniscono una soluzione su WordPress.com.

WordPress.com è una soluzione in hosting, il che significa che non ha requisiti software, download e nessuna installazione o configurazione del server. Tutto è fatto per te nel back-end, dietro le quinte. Non devi nemmeno preoccuparti di come avviene il processo; avviene tutto rapidamente e prima che tu te ne accorga, stai creando il tuo primo post sul blog utilizzando WordPress.com.

WordPress.com ha alcune limitazioni, però. Non puoi installare plugin o temi personalizzati e, ad esempio, non puoi personalizzare i file del codice di base, né puoi vendere pubblicità o monetizzare il tuo blog su WordPress.com. Inoltre, WordPress.com mostrerà annunci pubblicitari sui post del tuo blog agli utenti che non hanno effettuato l'accesso alla rete WordPress.com.

Ma anche con i suoi limiti, WordPress.com è un ottimo punto di partenza se sei inesperto nel bloggare e un po' intimidito dai requisiti di configurazione del software WordPress.org auto-installato. Se non vuoi o hai bisogno di creare un sito web completo per la tua attività o servizio e vuoi solo creare una sorta di diario online, in genere utilizzerai WordPress.com perché eccelle nel consentirti di creare un blog semplice e funzionante velocemente.

Come accennato in precedenza, tuttavia, se desideri utilizzare le migliaia di plugin e temi disponibili per WordPress o se desideri personalizzare il tuo tema per il tuo sito Web, sei limitato al servizio ospitato da WordPress.com. La buona notizia è questa: se mai diventerai troppo grande per il tuo blog ospitato da WordPress.com e desideri passare al software WordPress.org ospitato autonomamente, puoi farlo. Puoi persino portare con te tutto il contenuto dal tuo blog ospitato da WordPress.com e importarlo facilmente nella tua nuova configurazione con il software WordPress.org.

Versione auto-installataa

La versione auto-installata da WordPress.org trattata in questo libro richiede di scaricare il software dal sito Web di WordPress e installarlo su un server web. A meno che tu non possieda il tuo server web, devi affittarne uno o affittarne lo spazio su uno. L'utilizzo di un server web viene in genere definito hosting web e, a meno che tu non conosca qualcuno che conosce qualcuno, l'hosting in genere non è gratuito. Detto questo, nemmeno l'hosting web costa molto. Di solito puoi ottenere un buon servizio di web hosting per poche decine di euro al mese, a seconda delle tue esigenze.

Devi assicurarti, tuttavia, che qualsiasi host web con cui scegli di lavorare abbia il software richiesto installato sul server web.

Attualmente, i requisiti software minimi per WordPress includono:

- PHP versione 7 o successiva
- MySQL versione 5.6 o successiva

Dopo aver installato WordPress sul tuo server web, puoi iniziare a usarlo per blog per il contenuto che preferisci. Con il software WordPress, puoi installare diversi plugin che estendono le funzionalità del sistema di blogging. Hai anche il pieno controllo dei file core e del codice su cui è costruito WordPress. Quindi, se hai un talento per PHP e la conoscenza di MySQL, puoi lavorare all'interno del codice per creare i tuoi temi e plugin che ritieni possano essere utili per te e il tuo sito web.

Non hai bisogno di capacità di progettazione per rendere il tuo sito web fantastico. I membri della community di WordPress hanno creato più di 3.000 temi WordPress e puoi scaricarli gratuitamente e installarli sul tuo blog WordPress. Inoltre, se sei incline alla creatività, ti piace creare progetti da solo e conosci i CSS, sarai felice di sapere che hai pieno accesso al sistema di modelli all'interno di WordPress e puoi creare un tuo tema personalizzato.

Il software WordPress.org ospitato autonomamente consente di eseguire un numero illimitato di blog su un'installazione della piattaforma software, su un dominio. Quando configuri le opzioni di rete in WordPress per abilitare un'interfaccia multi-sito, diventi amministratore di una rete di blog. Tutte le opzioni rimangono le stesse, ma con le opzioni di rete configurate, puoi avere siti web e domini aggiuntivi e consentire anche agli utenti registrati del tuo sito web di ospitare il proprio sito web all'interno della tua rete.

I siti che utilizzano le opzioni di rete all'interno di WordPress includono quanto segue:

- Best Buy: le reti di blog possono avere più di 150 blog. Il famoso negozio al dettaglio di elettronica, Best Buy, utilizza WordPress per alimentare 1.050 blog di negozi locali.

- The New York Times: giornali, riviste e università utilizzano WordPress per gestire le sezioni blog dei loro siti web. Un altro esempio è il blog della Harvard Law School.

Capitolo 3: Le basi

Ci sono un sacco di azioni dietro le quinte per far funzionare il tuo blog o sito Web WordPress. Il bello è che non devi preoccuparti di ciò che sta accadendo sul back-end per gestire e mantenere un sito WordPress, a meno che tu non lo voglia davvero. In questo capitolo, approfondisco un po' la tecnologia alla base della piattaforma WordPress, inclusa una breve occhiata a PHP e MySQL, due componenti software necessari per eseguire WordPress.

Vedremo anche come trattare alcune delle varie tecnologie che ti aiutano a gestire un sito web di successo, come l'uso dei commenti e della tecnologia dei feed RSS, nonché informazioni sulla lotta allo spam. La pubblicazione di contenuti e blog è un processo evolutivo e i blog si sono evoluti oltre i diari e le riviste personali. Indubbiamente, un blog è uno strumento favoloso per pubblicare il tuo diario personale di pensieri e idee; tuttavia, i blog servono anche come ottimi strumenti per il business, il giornalismo editoriale, le notizie e l'intrattenimento. A volte, troverai blog indipendenti in cui questo è tutto ciò che il sito ha da offrire; altre volte troverai un sito web completo che contiene un blog ma ha anche altre offerte (prodotti in vendita, abbonamenti, newsletter, forum e così via). Ecco alcuni modi in cui vengono utilizzati blog e siti Web alimentati da WordPress:

- Personale: questo tipo di blogger crea un blog come diario personale. Sei considerato un blogger personale se utilizzi il tuo blog principalmente per discutere argomenti personali o per la tua vita: la tua famiglia, i tuoi gatti, i tuoi figli o i tuoi interessi (ad esempio, tecnologia, politica, sport, arte o fotografia).

- Attività commerciale: questo tipo di blogger utilizza il potere dei blog per promuovere i servizi aziendali, i prodotti su Internet o entrambi. I blog sono strumenti molto efficaci per la promozione e il marketing ei blog aziendali di solito offrono informazioni utili a lettori e consumatori, come suggerimenti e recensioni di prodotti. I blog aziendali consentono inoltre ai lettori di fornire feedback e idee, che possono aiutare un'azienda a migliorare i propri servizi.

- Media / giornalismo: testate giornalistiche sempre più popolari, come Fox News, MSNBC e CNN, hanno aggiunto blog ai loro siti Web per fornire informazioni su eventi attuali, politica e notizie a livello regionale, nazionale e internazionale. Queste organizzazioni di notizie hanno spesso anche blogger editoriali.

- Citizen journalism: l'emergere del citizen journalism ha coinciso con il passaggio dai vecchi media ai nuovi media. Nei vecchi media, i giornalisti e le testate giornalistiche dirigono la conversazione su argomenti di attualità. Con la popolarità dei blog e dei milioni di blogger che sono esplosi su Internet, i vecchi media hanno sentito un cambiamento nel vento. I cittadini, usando il potere della loro voce sui blog, hanno cambiato la direzione della conversazione. I cittadini spesso verificano le notizie sui media tradizionali ed espongono incoerenze, con l'intenzione di tenere sotto controllo i media o i politici locali.

- Professionista: questa categoria di blogger cresce ogni giorno sempre di più. I blogger professionisti sono pagati per blog per singole aziende o siti web. Inoltre, diversi servizi abbinano inserzionisti e blogger in modo che gli inserzionisti paghino i blogger per pubblicare post sui loro prodotti. È possibile guadagnare come blogger? Sì, puoi fare soldi con i blog ed è diventato molto comune in questi giorni.

La tecnologia

Il software WordPress è un sistema di pubblicazione personale che utilizza una piattaforma PHP e MySQL. Questa piattaforma fornisce tutto ciò di cui hai bisogno per creare il tuo sito web e pubblicare i tuoi contenuti in modo dinamico, senza dover sapere come programmare tu stesso quelle pagine. In breve, tutti i tuoi contenuti sono archiviati in un database MySQL nel tuo account di hosting. PHP (che sta per PHP: Hypertext Preprocessor - e PHP stesso originariamente stava per home page personale, come chiamato dal suo creatore, Rasmus Lerdorf) è un linguaggio di scripting lato server per la creazione di pagine web dinamiche.

Quando un visitatore apre una pagina costruita in PHP, il server elabora i comandi PHP e quindi invia i risultati al browser del visitatore. MySQL è un sistema di gestione di database relazionali (RDBMS) open source che utilizza SQL (Structured Query Language), il linguaggio più diffuso per creare, accedere ed elaborare i dati in un database. Se tutto ciò ti suona strano, pensa a MySQL come un grande archivio in cui è archiviato tutto il contenuto del tuo blog. Ogni volta che un visitatore accede al tuo sito web per leggere i tuoi contenuti, effettua una richiesta che viene inviata a un server host. Il linguaggio di programmazione PHP riceve tale richiesta, ottiene le informazioni richieste dal database MySQL e quindi presenta le informazioni richieste al visitatore tramite il suo browser web.

Nell'usare il termine "contenuto" così come si applica ai dati archiviati nel database MySQL, mi riferisco ai tuoi post, pagine, commenti e opzioni che hai impostato nella dashboard di WordPress. Il tema (design) che scegli di utilizzare per il tuo sito Web, che si tratti del tema predefinito, di uno che crei per te stesso o di uno progettato in modo personalizzato, non fa parte del contenuto o dei dati archiviati nel database assegnato a il tuo sito web.

Questi file fanno parte del file system e non vengono archiviati nel database. Quindi crea e conserva un backup di tutti i file del tema che stai utilizzando. Quando cerchi un servizio di hosting, scegline uno che fornisca backup giornalieri del tuo sito in modo che i tuoi contenuti / dati non vadano persi in caso succeda qualcosa. I provider di web hosting che offrono backup giornalieri come parte dei loro servizi possono salvare la giornata ripristinando il tuo sito alla sua forma originale.

Cronologia

Nel software WordPress è inclusa la capacità di mantenere archivi cronologici e categorizzati della cronologia di pubblicazione, automaticamente. WordPress utilizza la tecnologia PHP e MySQL per ordinare e organizzare tutto ciò che pubblichi in un ordine a cui tu e i tuoi lettori potete accedere per data e categoria.

Questo processo di archiviazione viene eseguito automaticamente con ogni post o pagina che pubblichi sul tuo sito web. Quando crei un post sul tuo sito Web WordPress, puoi archiviarlo in una categoria da te specificata. Questa funzione crea un sistema di archiviazione molto ingegnoso in cui tu e i tuoi lettori potete trovare articoli o post che avete inserito in una categoria specifica.

Facendo clic su un collegamento sotto l'intestazione Archivi per argomento si accede a un elenco di post scritti per quell'argomento. WordPress ti consente di creare tutte le categorie che desideri per archiviare i tuoi contenuti e post per argomento. Ho visto siti che hanno una sola categoria e siti che hanno fino a 1.800 categorie: WordPress è tutto incentrato sulle preferenze e le opzioni per organizzare i tuoi contenuti. D'altra parte, utilizzare le categorie di WordPress è una tua scelta infatti non è necessario utilizzare tale funzione ma può aiutare nella navigazione.

Capitolo 4: Interazione

Uno degli aspetti più eccitanti e divertenti del bloggare con WordPress è ricevere feedback dai lettori nel momento in cui pubblichi un post sul tuo blog. Il feedback, ovvero un commento sul blog, è come avere un libro degli ospiti sul tuo blog. Le persone possono lasciare note che vengono pubblicate sul tuo sito e tu puoi rispondere e coinvolgere i tuoi lettori in una conversazione sull'argomento in questione.

Avere questa funzione nel tuo blog crea l'opportunità di espandere i pensieri e le idee che hai presentato nel tuo post sul blog, dando ai tuoi lettori l'opportunità di aggiungere la loro opinione. Nella dashboard di WordPress, hai il pieno controllo amministrativo su chi può e non può lasciare commenti.

Inoltre, se qualcuno lascia un commento con contenuto discutibile, puoi modificare il commento o eliminarlo. Sei anche libero di scegliere di non consentire alcun commento sul tuo blog.

Alcuni utenti affermano che un blog senza commenti non è affatto un blog. Questa convinzione è comune nella comunità dei blog perché sperimentare il feedback dei visitatori attraverso l'uso dei commenti fa parte di ciò che ha reso il blog così popolare. È una scelta personale, però. Consentire i commenti sul tuo blog invita i membri del tuo pubblico ad essere coinvolti attivamente nel tuo blog creando una discussione e un dialogo sui tuoi contenuti.

In generale, i lettori trovano che i commenti siano un'esperienza soddisfacente quando visitano i blog perché i commenti li rendono parte della discussione.

RSS

Un feed RSS (Really Simple Syndication) è una funzionalità standard che i visitatori del sito web si aspettano. RSS è come "un formato XML alleggerito e progettato per condividere titoli e altri contenuti Web. Consideralo come una "Novità" distribuibile per il tuo sito". I lettori possono utilizzare i lettori di feed per scaricare il tuo feed, ovvero i loro lettori di feed scoprono automaticamente nuovi contenuti (come post e commenti) dal tuo blog. I lettori possono quindi scaricare quel contenuto per il loro consumo.

Affinché i lettori e i visitatori del sito web rimangano aggiornati con i contenuti più recenti e migliori che pubblichi sul tuo sito, devono iscriversi al tuo feed RSS. La maggior parte delle piattaforme consente ai feed RSS di essere rilevati automaticamente dai vari lettori di feed ovvero il lettore del blog deve inserire solo l'URL del tuo sito e il programma troverà automaticamente il tuo feed RSS.

La maggior parte dei sistemi browser oggi avvisa i visitatori della presenza del feed RSS sul tuo sito visualizzando un'icona arancione del universalmente riconosciuta, mostrata a margine. WordPress ha feed RSS integrati in diversi formati e poiché i feed sono integrati nella piattaforma software, non devi fare nulla per fornire ai tuoi lettori un feed RSS dei tuoi contenuti.

Il modo migliore per capire i trackback è pensarli come commenti, tranne per un aspetto: i trackback sono commenti che vengono lasciati sul tuo blog da altri blog, non da persone reali. Sembra perfettamente ragionevole, non è vero? Un trackback si verifica quando crei un post sul tuo blog e all'interno di quel post fornisci un collegamento a un post creato da un altro blogger in un blog diverso. Quando pubblichi quel post, il tuo blog invia una sorta di promemoria elettronico al blog a cui ti sei collegato. Quel blog riceve il promemoria e invia un avviso di ricevimento in un commento al post a cui ti sei collegato.

Quel memo viene inviato tramite un ping di rete, uno strumento utilizzato per testare o verificare se un collegamento è raggiungibile su Internet, dal tuo sito al sito a cui ti colleghi. Questo processo funziona fintanto che entrambi i blog supportano il protocollo di trackback. L'invio di un trackback a un blog è un bel modo per dire al blogger che ti piacciono le informazioni che ha presentato nel suo post sul blog.

Tutti i blogger apprezzano la ricezione di trackback dei loro post da altri blogger. I trackback non sono così popolari come lo erano anni fa ma esistono ancora e sono uno strumento che ad alcune persone piace sfruttare. C'è un'opzione in WordPress che ti consente di disattivare i trackback se lo desideri.

Spam

La rovina assoluta dell'esistenza di ogni blogger è lo spam nei commenti e nei trackback. Quando il blogging è diventato la cosa più importante su Internet, gli spammer hanno visto subito un'opportunità. Pensa a quante e-mail di spam che hai ricevuto: lo spam nei commenti e nei trackback è simile e altrettanto frustrante.

Prima che i blog entrassero in scena, spesso vedevi spammer riempire i libri degli ospiti di Internet con i loro link senza lasciare commenti rilevanti. Il motivo è semplice: i siti web ricevono classifiche più alte nei principali motori di ricerca se hanno più link provenienti da altri siti. Entrare nel software per blog, con commenti e tecnologie di trackback è stato terreno fertile per milioni di spammer.

Poiché commenti e trackback vengono mostrati sul tuo sito pubblicamente e di solito con un collegamento ai siti Web dei commentatori, gli spammer ottengono i collegamenti ai loro siti pubblicati su milioni di blog, creando programmi che cercano automaticamente siti Web con sistemi di commento, quindi martellano quei sistemi con tonnellate di commenti che contengono collegamenti ai propri siti.

A nessun blogger piace lo spam. È un dato di fatto, i servizi di blog come WordPress hanno trascorso ore incalcolabili per fermare questi spammer e, per la maggior parte, hanno avuto successo. Ogni tanto, tuttavia, gli spammer si intrufolano. Molti spammer sono offensivi e tutti sono frustranti perché non contribuiscono alle conversazioni in modo proattivo. Tutti i sistemi WordPress hanno una cosa molto

importante ed eccellente in comune: Akismet,
che uccide lo spam.

Capitolo 5: Wordpress come CMS

Esplorando diversi siti Web che pubblicano articoli su WordPress, spesso si legge: "WordPress è più di una piattaforma di blog; è un sistema completo di gestione dei contenuti".

Un sistema di gestione dei contenuti (CMS) è una piattaforma che ti dà la possibilità di eseguire un sito web completo sul tuo dominio. Ciò significa che oltre a ospitare un blog, puoi anche creare pagine e avere funzionalità aggiuntive integrate nel tuo sito Web che non hanno nulla a che fare con il contenuto del tuo blog.

Un sito Web e un blog sono davvero due cose diverse. Sebbene un sito web possa contenere un blog, un blog non può contenere un sito web completo. So che sembra confuso ma dopo aver letto questa sezione ed aver esplorato la differenza tra i due, avrai una migliore comprensione.

Un blog è una visualizzazione cronologica di contenuti, molto spesso post o articoli scritti dall'autore del blog. Questi post (o articoli) vengono pubblicati e, di solito, classificati in argomenti e archiviati per data. I post del blog possono avere i commenti attivi, il che significa che i lettori di un post del blog possono lasciare il loro feedback e l'autore del post del blog può rispondere, creando così un dialogo continuo tra autore e lettore sul post del blog.

Un sito Web è una raccolta di pagine e sezioni che offrono al visitatore una varietà di esperienze o informazioni. Parte del sito web può essere un blog che migliora l'esperienza complessiva del visitatore, ma di solito include altre sezioni e funzionalità che potrebbero includere qualcosa come:

- Gallerie fotografiche: questa specifica area del tuo sito web ospita album e gallerie di foto caricate, consentendo ai tuoi visitatori di sfogliare e commentare le foto che visualizzano.

- Negozio di e-commerce: questa funzione è un carrello della spesa completamente integrato attraverso il quale puoi caricare i prodotti in vendita e i tuoi visitatori possono acquistare i tuoi prodotti tramite il tuo negozio online.

- Forum di discussione: quest'area del tuo sito web consente ai visitatori di partecipare, creare thread di discussione e rispondere in modo reciproco in specifici thread di conversazione.

- Social: questa sezione del tuo sito web consente ai visitatori di diventare membri, creare profili, diventare amici di altri membri, creare gruppi e aggregare attività della comunità.

- Portfolio di lavoro: se sei un fotografo o un web designer, ad esempio, puoi mostrare il tuo lavoro in una sezione specifica del tuo sito.

- Form sul feedback: puoi avere una pagina sul tuo sito web con un modulo di contatto che i visitatori possono compilare per contattarti via e-mail.

- Pagine statiche come una biografia, una FAQ (domande frequenti) o una pagina dei servizi: queste pagine non cambiano con la stessa frequenza di una pagina del blog. Le pagine del blog cambiano ogni volta che pubblichi un nuovo post. Le pagine statiche contengono contenuti che non cambiano molto spesso.

Usare WordPress come CMS significa che lo stai usando per creare non solo un blog ma un intero sito web pieno di sezioni e funzionalità che offrono un'esperienza diversa ai tuoi visitatori.

Prima di pubblicare

Prima di iniziare con la pubblicazione, è necessario esaminare a lungo i grandi progetti per il proprio sito Web. Un consiglio: organizza il tuo piano prima di iniziare. Avere una buona idea di quali tipi di informazioni si desidera pubblicare, come si desidera presentare e organizzare tali informazioni e quali tipi di servizi e interazioni si desidera fornire al pubblico.

Poni ad alta voce questa domanda: "Di cosa parlerò nel blog?" oppure "Ho intenzione di avere un blog sul mio sito web?" Vai avanti, chieditelo. Non esiste una serie chiara di regole di base da seguire.

Avere un'idea di cosa ti aspetti di scrivere nel tuo blog rende la pianificazione un po' più semplice, potresti scrivere della tua vita personale. Forse hai intenzione di condividere solo alcune delle tue fotografie e fornire pochissimi commenti per accompagnarle. O forse sei un imprenditore e vuoi scrivere qualcosa sui tuoi servizi e sulle notizie attuali nel tuo settore.

Avere un'idea del tuo argomento ti aiuta a determinare come desideri fornire tali informazioni. Il mio blog di design, ad esempio, è dove scrivo di progetti di web design, casi di studio di clienti e notizie relative al design e al blog. Non troverai le foto dei miei cagnolini lì, potresti trovare quelle foto sul mio blog personale.

Tengo separati i due blog, più o meno allo stesso modo perché alla maggior parte delle persone piace mantenere una linea di separazione netta tra la vita personale e quella professionale, indipendentemente dal settore in cui lavorano. Quando hai in mente l'argomento e il piano, puoi andare avanti e modificare le impostazioni del tuo blog in base al tuo piano.

Capitolo 6: Configurazione

Prima di poter iniziare a utilizzare WordPress, devi configurare il tuo campo base. Fare ciò implica molto di più che scaricare e installare semplicemente il software WordPress. Devi anche stabilire il tuo dominio (l'indirizzo del tuo sito web) e il tuo servizio di web hosting (il luogo che ospita il tuo sito web). Sebbene inizialmente scarichi il tuo software WordPress sul tuo disco rigido, il tuo host web è dove lo installi.

Ottenere un server web e installare software su di esso sono progetti molto più complessi che semplicemente ottenere un account con la versione ospitata di WordPress disponibile su WordPress.com (che abbiamo visto in precedenza). Devi considerare molti fattori in questa impresa, oltre a far fronte a una curva di apprendimento, perché la configurazione del tuo sito web tramite un servizio di hosting implica l'utilizzo di alcune tecnologie con le quali potresti non sentirti a tuo agio all'inizio.

Questo capitolo ti guida attraverso le basi di queste tecnologie per installare WordPress con successo su un server web con il tuo nome di dominio.

Hai visto diversi siti Web appariscenti sul Web alimentati da WordPress. Ma da dove inizi? I primi passi verso l'installazione e la configurazione di un sito Web WordPress sono la scelta di un nome di dominio e quindi l'acquisto della registrazione di quel nome tramite un registrar di domini. Un nome di dominio è l'indirizzo web univoco che digiti nella barra degli indirizzi di un browser web per visitare un sito. Alcuni esempi di nomi di dominio sono WordPress.org e Google.com.

Sottolineo la parola "unico" perché non esistono due nomi di dominio uguali. Se qualcun altro ha registrato il nome di dominio che desideri, non puoi averlo. Con questo in mente, a volte ci vuole un po' di tempo per trovare un dominio che non è già in uso e risulti disponibile.

Nome di dominio

Quando si registra un nome di dominio, devi essere consapevole dell'estensione che vuoi usare. L'estensione .com, .net, .org, .info, .me, .it o .biz che vedi attaccata alla fine di qualsiasi nome di dominio è l'estensione di dominio di primo livello. Quando registri il tuo nome di dominio, ti viene chiesto di scegliere l'estensione che desideri per il tuo dominio (a condizione che sia disponibile).

Ecco un'osservazione: solo perché hai registrato il tuo dominio come .com non significa che qualcun altro non possieda o non possa possedere lo stesso nome di dominio con.net. Quindi, se registri pippo.com e diventa un sito estremamente popolare tra i lettori, qualcun'altro può registrare pippo.it e gestire un sito simile al tuo nella speranza di cavalcare il successo del tuo sito web. Puoi registrare il tuo nome di dominio con tutte le estensioni disponibili se vuoi evitare questo problema.

Considera il costo di un nome di dominio, infatti, la registrazione di un dominio ti costa poche decine di euro all'anno a seconda del servizio che utilizzi e per le opzioni (come le opzioni di privacy e i servizi di invio del motore di ricerca) che applichi al tuo nome di dominio il processo di registrazione. Dopo aver pagato la quota di registrazione del dominio oggi, devi pagare un'altra quota di registrazione alla scadenza tra un anno, due o cinque, in base a quanti anni hai scelto di registrare il tuo nome di dominio. Il tuo hosting ti invierà un promemoria con alcuni mesi di anticipo, dicendoti che è ora di rinnovare. Se non hai configurato il rinnovo automatico, devi accedere al tuo account prima che scada il dominio e rinnovare manualmente.

Hosting

Gli hosting di domini sono certificati e approvati dalla Internet Corporation for Assigned Names and Numbers (ICANN). Sebbene oggi esistano centinaia di hosting di domini, quelli nel seguente elenco sono popolari per la loro longevità nel settore, prezzi competitivi e varietà di servizi offerti oltre alla registrazione del nome di dominio (come l'hosting web e i costruttori di traffico di siti web):

- Go Daddy
- Aruba
- Register.com

Non importa quale tu scelga per registrare il tuo nome di dominio, ecco i passaggi che puoi eseguire per eseguire questa operazione:

1. Decidi un nome di dominio. Fare un po'
    di pianificazione qui è necessario.
    Molte persone pensano a un nome di
    dominio come a un marchio, un modo
    per identificare i propri siti Web o blog.
    Pensa a potenziali nomi per il tuo sito,
    quindi procedi con il tuo piano.

2. Verifica la disponibilità del nome di
    dominio. Nel tuo browser web, inserisci
    l'URL di tua scelta. Cerca la sezione sul
    sito web dell'hosting che ti consente di
    inserire il nome del dominio (in genere,
    un breve campo di testo) per vedere se
    è disponibile. Se il nome di dominio non
    è disponibile come .com, prova .net o
    .it.

3. Acquista il nome di dominio. Segui i
    passaggi per acquistare il nome
    utilizzando la tua carta di credito. Dopo
    aver completato la procedura di
    checkout, riceverai un'e-mail di

conferma dell'acquisto, quindi utilizza un indirizzo e-mail valido durante la procedura di registrazione.

Il prossimo passo è ottenere un account di hosting. Alcuni hosting di domini dispongono di servizi di hosting a cui puoi registrarti ma non devi utilizzare tali servizi. Spesso puoi trovare servizi di hosting a un costo inferiore rispetto a quello offerto dalla maggior parte dei provider. Ci vuole solo una piccola ricerca. Dopo aver registrato il tuo dominio, devi trovare un posto in cui risiedere: un host web. Il web hosting è il secondo pezzo del puzzle di cui hai bisogno prima di iniziare a lavorare con il software WordPress.

Un host web è un'azienda, un gruppo o un individuo che fornisce spazio sul server web e larghezza di banda per il trasferimento di file ai proprietari di siti web che non ne hanno. Di solito, i servizi di web hosting addebitano una tariffa mensile o annuale, a meno che tu non sia abbastanza fortunato da conoscere qualcuno che è disposto a darti spazio sul server e larghezza di banda gratuitamente. Il costo varia da host a host, ma puoi ottenere servizi di web hosting a partire da poche decine di euro al mese, a seconda delle tue esigenze individuali.

La maggior parte degli host web considera WordPress come un'applicazione di terze parti. Ciò significa che l'host in genere non fornisce supporto tecnico sull'uso di WordPress (o qualsiasi altra applicazione software) perché il supporto non è incluso nel tuo pacchetto di hosting. Per scoprire se l'host scelto supporta WordPress, chiedi sempre prima di comprare.

Diversi provider di web hosting hanno anche servizi correlati a WordPress disponibili con costi aggiuntivi. Questi servizi possono includere supporto tecnico, installazione e configurazione di plugin e servizi di progettazione di temi. I provider di hosting Web generalmente forniscono (almeno) questi servizi con il tuo account:

- Spazio su disco rigido
- Larghezza di banda (trasferimento)
- E-mail di dominio con accesso alla posta Web
- Accesso FTP (File Transfer Protocol)
- Statistiche complete del sito web
- Database MySQL
- PHP

Poiché intendi eseguire WordPress sul tuo server web, devi cercare un host che fornisca i requisiti minimi necessari per eseguire il software sul tuo account di hosting, che sono una versione PHP 7 (o superiore) e una versione di Versione MySQL 5.6 (o superiore).

Il modo più semplice per scoprire se un host soddisfa i requisiti minimi per l'esecuzione del software WordPress è controllare la sezione FAQ (Frequently Asked Questions) del sito web dell'host. In caso contrario, trova le informazioni di contatto della società di hosting e invia un'e-mail con la richiesta di informazioni su ciò che supporta esattamente.

Capitolo 7: FTP

La possibilità di utilizzare il protocollo FTP (File Transfer Protocol) con il tuo account di hosting è un ottimo strumento disponibile per quasi tutti gli host web oggi sul mercato. FTP offre due modi per spostare i file da un luogo a un altro:

- Upload: trasferimento di file dal computer locale al server Web
- Download: trasferimento di file dal server Web al computer locale

È possibile fare molte altre cose con FTP, come:

- Visualizzare i file: dopo aver effettuato l'accesso tramite FTP, puoi vedere tutti i file che si trovano sul tuo server web.

- Visualizzare la data di modifica: è possibile visualizzare la data in cui un file è stato modificato l'ultima volta, il che a volte può essere utile quando si cerca di risolvere i problemi.

- Visualizzare la dimensione del file: puoi vedere la dimensione di ogni file sul tuo server web, che è utile se hai bisogno di gestire lo spazio su disco del tuo account.

- Modificare i file: quasi tutti i client FTP consentono di aprire e modificare i file tramite l'interfaccia client, che è un modo conveniente per portare a termine il lavoro.

- Cambiare i permessi: comunemente indicato come CHMOD, acronimo di Change Mode, controlla il tipo di permessi di lettura / scrittura / esecuzione dei file sul tuo server web.

FTP è una comoda utility che ti dà accesso ai file che si trovano sul tuo server web, il che rende un po' più semplice la gestione del tuo sito WordPress. SFTP (Secret File Transfer Protocol) è anche un metodo di FTP ma fornisce un ulteriore livello di sicurezza perché utilizza SSH (Secure Shell) e crittografa le informazioni sensibili, i dati e le password dal trasferimento all'interno della rete di hosting.

La crittografia dei dati garantisce che chiunque monitori la rete non sia in grado di leggere i dati liberamente e, pertanto, non possa ottenere informazioni che dovrebbero essere protette, come password e nomi utente. Consiglio vivamente di utilizzare SFTP su FTP se è disponibile dal tuo provider di hosting.

Molti host web oggi offrono FTP come parte dei loro pacchetti di hosting, quindi conferma che il tuo provider di hosting ti renda disponibile l'FTP per il tuo account. cPanel è di gran lunga il software di gestione degli account di hosting più popolare utilizzato dagli host sul Web, eclissando altri strumenti popolari come Plesk e NetAdmin. È all'interno dell'interfaccia di gestione dell'account di hosting che puoi configurare l'account FTP per il tuo sito web.

Se il tuo provider di hosting ti offre un'interfaccia diversa con cui lavorare, i concetti sono sempre gli stessi ma dovrai fare riferimento al tuo provider di hosting per le specifiche per adattare queste indicazioni al tuo ambiente specifico. Per lo più, l'FTP per il tuo account di hosting viene impostato automaticamente. Segui questi passaggi per accedere a questa pagina e configurare il tuo account FTP:

1. Accedi a cPanel per il tuo account di hosting. In genere, navigherai su

`http://tuodominio.com/cpanel` **per** visualizzare la schermata di accesso per il tuo cPanel. Immetti il nome utente e la password dell'account di hosting specifico nei campi di accesso e quindi fare clic su OK.

2. Accedi alla pagina Account FTP. Fai clic sul collegamento o sull'icona Account FTP nel cPanel per aprire la pagina Account FTP.

3. Visualizza l'account FTP esistente. Se il tuo provider di hosting ti imposta automaticamente con un account FTP, lo vedrai elencato nella sezione Gestione account. Il 99% delle volte, l'account FTP predefinito utilizza la stessa combinazione di nome utente e password del tuo account di hosting o le informazioni di accesso che hai usato per accedere al tuo cPanel nel passaggio 1.

Se la pagina Account FTP non mostra un valore predefinito Utente FTP nella sezione Gestione account, puoi facilmente crearne uno nella sezione Aggiungi account FTP:

1. Digita il nome utente desiderato nel campo Accesso. Questo crea il nome utente di `nomeutente@tuodominio.com` (dove nomeutente è il nome utente desiderato che hai digitato e tuodominio.com è il tuo nome di dominio specifico).

2. Digita la password desiderata nel campo Password. Puoi scegliere di digitare la tua password o fare clic sul pulsante "Genera password" per fare in modo che il server generi una password sicura per te. Digita nuovamente la password nel campo Password (Again) per convalidarla.

3. Controllare l'indicatore di forza. Il server ti dice se la tua password è molto debole, debole, buona, forte o molto forte. Meglio disporre di una password molto complessa per il proprio account FTP che sia difficile da indovinare e decifrare da hacker e utenti malintenzionati di Internet.

4. (Facoltativo) Digita l'accesso alla directory per questo utente FTP. cPanel lo riempirà per te e avrà un aspetto simile a questo: `public_html/user` (l'utente, in questo caso, è lo stesso nome utente che hai inserito nel passaggio 1). Lasciando questo campo così com'è si concede a questo nuovo utente FTP l'accesso solo a una cartella con il proprio nome utente. Ai fini dell'installazione di WordPress, desideri che questo account abbia accesso alla cartella

`public_html`, quindi rimuovi la parte `/user` dell'accesso alla directory in modo che il campo contenga solo `public_html`.

5. Indica i limiti di spazio nel campo Quota. Poiché tu sei il proprietario, lascia la selezione del pulsante di opzione impostata su Illimitato. (In futuro, se aggiungi un nuovo utente FTP, puoi limitare la quantità di spazio, in megabyte [MB], selezionando il pulsante a sinistra del campo di testo e digitando la quantità numerica nella casella di testo; per esempio, 50 MB.)

6. Fai clic sul pulsante Crea account FTP. Viene visualizzata una nuova schermata con un messaggio che indica che l'account è stato creato correttamente. Inoltre, vengono visualizzate le impostazioni per questo nuovo account FTP, che dovresti

copiare e incollare in una finestra di editor di testo vuota (come Blocco note per PC o TextEdit per utenti Mac). Le impostazioni per l'account FTP sono i dettagli di connessione necessari per connettersi al server Web tramite FTP.

7. Salva le seguenti impostazioni: nome utente FTP, password e server FTP sono specifici del dominio e le informazioni immesse nei passaggi precedenti.

Ecco un riepilogo di cosa dovresti avere:

Nome utente FTP: nomeutente@tuodominio.com

Password: password

Server FTP: ftp.tuodominio.com

Porta server FTP: 21

Quota: MB illimitati

Di solito, la porta del server FTP sarà la porta 21. Assicurati di ricontrollare le impostazioni FTP per assicurarti che sia proprio così. Tuttavia, se invece stai configurando un account SFTP (Secure FTP), la porta dovrà essere impostata su 22. Verificare con il proprio provider di hosting l'assegnazione specifica del numero di porta.

Capitolo 8: Dashboard di WP

Dopo aver installato correttamente WordPress.org, puoi esplorare il software del tuo nuovo sito web. Questo capitolo ti guida attraverso la configurazione preliminare del tuo nuovo sito WordPress utilizzando la dashboard. Quando crei un sito Web con WordPress, trascorri molto tempo nella Dashboard, che è il luogo dove fai accadere tutte le cose eccitanti dietro le quinte. In questo pannello trovi tutte le impostazioni e le opzioni che ti consentono di configurare il tuo sito nel modo desiderato.

Sentirti a tuo agio con la Dashboard ti prepara per un ingresso trionfale nel mondo di WordPress. Aspettati di modificare le impostazioni di WordPress più volte durante la vita del tuo sito web. In questo capitolo, mentre esamino le varie sezioni, impostazioni, opzioni e configurazioni disponibili, capisco che nulla è scolpito nella pietra. Puoi impostare le opzioni oggi e modificarle in qualsiasi momento.

Puoi considerare la dashboard come una sorta di pannello di controllo perché offre diversi collegamenti rapidi e aree che forniscono informazioni sul tuo sito Web. Puoi modificare l'aspetto della dashboard di WordPress modificando l'ordine dei moduli che compaiono su di esso (ad esempio, Panoramica e attività). È possibile espandere (aprire) e comprimere (chiudere) i singoli moduli facendo clic sulla piccola freccia grigia a destra del titolo. Questa funzione è davvero utile perché puoi utilizzare la dashboard solo per quei moduli che usi regolarmente.

Il concetto è semplice: tieni i moduli che usi sempre aperti e chiudi quelli che usi solo occasionalmente, puoi aprire quei moduli solo quando ne hai veramente bisogno. In tal modo risparmi spazio e puoi personalizzare la tua dashboard in base alle tue esigenze.

WordPress ricorderà il modo in cui imposti la dashboard, quindi se chiudi alcuni moduli oggi, rimarranno chiusi ogni volta che visiti la dashboard finché non li riaprirai. Quando si visualizza la dashboard per la prima volta, per impostazione predefinita tutti i moduli vengono visualizzati nella posizione espansa (aperta). Il menu di navigazione nella dashboard di WordPress viene visualizzato sul lato sinistro della finestra del browser. Quando è necessario tornare alla pagina principale della dashboard, fai clic sul collegamento Dashboard nella parte superiore del menu di navigazione che si trova in una qualsiasi delle pagine all'interno della dashboard di WordPress.

Come è fatta?

La dashboard mostra quanto segue per impostazione predefinita:

- Il numero di post che hai: questo numero riflette il numero totale di post che hai nel tuo sito WordPress. Il numero è blu, il che significa che è un link su cui puoi fare clic. Quando clicchi, vai alla pagina Modifica post, dove puoi modificare i post sul tuo blog.

- Il numero di pagine: questo è il numero di pagine del tuo sito web, che cambierà man mano che aggiungi o elimini pagine. (Le pagine, in questo contesto, si riferiscono alle pagine statiche che hai creato nel tuo blog.) Facendo clic su questo collegamento si accede alla pagina Modifica pagine, dove è possibile visualizzare, modificare ed eliminare le pagine.

- Il numero di commenti: questo è il numero totale di commenti sul tuo blog. Facendo clic sul collegamento dei commenti si accede alla pagina Modifica commenti, dove è possibile gestire i commenti sul proprio blog.

L'ultima sezione della Dashboard mostra le seguenti informazioni:

- La versione di WordPress che stai utilizzando. Quando il software WordPress viene aggiornato, questa riga ti dice che stai utilizzando una versione obsoleta di WordPress e ti incoraggia a eseguire l'aggiornamento alla versione più recente.
- Quale tema WordPress stai usando. Il nome del tema è un collegamento che ti porta alla pagina "Gestisci temi", dove

puoi visualizzare e attivare i temi sul tuo blog.

- Motori di ricerca sconsigliati: viene visualizzato solo se hai indicato di voler bloccare il tuo blog dai motori di ricerca nelle impostazioni sulla privacy.

Impostazioni

Il menu di navigazione si trova sul lato sinistro di ogni pagina all'interno della dashboard di WordPress. Lo trovi lì ovunque tu vada; come un amico fedele, è sempre lì per te quando ne hai bisogno! Il menu di navigazione è suddiviso in nove diversi menu (senza contare il menu Dashboard, citato in precedenza). Passa il mouse su un menu per vedere il sottomenu che contiene altri elementi. Gli elementi del sottomenu ti portano ad aree all'interno della dashboard che ti consentono di eseguire attività come la pubblicazione di un nuovo post, la configurazione delle impostazioni del tuo sito o la gestione dei tuoi commenti.

Dopo aver installato il software WordPress e aver effettuato l'accesso, puoi mettere un timbro personale sul tuo blog dando un titolo e una descrizione, impostando il tuo indirizzo e-mail di contatto e identificandoti come l'autore del blog. Ti occuperai di queste e altre impostazioni nella pagina Impostazioni generali. Per iniziare a personalizzare il tuo blog, inizia con le impostazioni generali seguendo questi passaggi:

1. Fai clic sul link Generale nel menu Impostazioni. Viene visualizzata la pagina Impostazioni generali.

2. Immetti il nome del sito Web nella casella di testo Titolo del sito. Il titolo che inserisci qui è quello che hai assegnato al tuo sito web per identificarlo come tuo. Dai al tuo blog un nome interessante e identificabile.

3. Nella casella di testo Motto, inserisci una frase da cinque a dieci parole che

descriva il tuo blog. Il pubblico che naviga in Internet può visualizzare il titolo e lo slogan del tuo sito Web, che vari motori di ricerca (come Google, Yahoo! E MSN) usano per l'indicizzazione, quindi scegli le tue parole tenendo presente questo aspetto.

4. Nella casella di testo Indirizzo WordPress (URL), inserisci la posizione in cui hai installato il software WordPress. Assicurati di includere la parte http:// dell'URL e l'intero percorso dell'installazione di WordPress, ad esempio `http://tuodominio.com`. Se hai installato WordPress in una cartella della tua directory, ad esempio in una cartella chiamata `wordpress`, devi includerlo anche qui. Se avessi installato WordPress in una cartella chiamata `wordpress`, l'indirizzo di

WordPress sarebbe `http://tuodominio.com/wordpress`.

5. Nella casella di testo Indirizzo sito (URL), inserisci l'indirizzo web dove le persone possono trovare il tuo blog utilizzando i loro browser web. In genere, ciò che inserisci qui è lo stesso del tuo nome di dominio (`http://tuodominio.com`). Se installi WordPress in una sottodirectory del tuo sito, l'URL di installazione di WordPress è diverso dall'URL del blog. Se installi WordPress su `http://tuodominio.com/wordpress/` (URL di WordPress), devi dire a WordPress che desideri che il blog appaia su `http://tuodominio.com` (l'URL del blog).

6. Inserisci il tuo indirizzo e-mail nella casella di testo Indirizzo e-mail. WordPress invia messaggi sui dettagli

del tuo sito web a questo indirizzo e-mail. Quando un nuovo utente si registra per il tuo sito, ad esempio, WordPress ti invia un avviso e-mail.

7. Seleziona la casella di controllo Chiunque se desideri mantenere la registrazione sul tuo sito aperta a chiunque desideri registrarsi. Mantieni deselezionata la casella di controllo se preferisci non avere la registrazione aperta sul tuo sito web.

8. Dal menu a discesa Nuovo ruolo predefinito utente, scegliere il ruolo che si desidera assegnare ai nuovi utenti quando si registrano per gli account utente nel tuo sito web. È necessario comprendere le differenze tra i ruoli utente perché a ciascun ruolo utente viene assegnato un diverso livello di accesso al sito Web.

9. Nella sezione Fuso orario, scegli l'ora UTC dal menu a discesa. Questa impostazione si riferisce al numero di ore di differenza tra l'ora locale e l'ora UTC (Coordinated Universal Time). Questa impostazione garantisce che tutti i post e i commenti lasciati sul blog siano contrassegnati con l'ora corretta. WordPress ti fornisce anche i nomi di alcune delle principali città del mondo per rendere più semplice la ricerca. Basta selezionare il nome della città principale più vicina a dove vivi e probabilmente ti trovi nello stesso fuso orario di quella città. Se non sei sicuro di quale sia l'ora UTC, puoi trovarla sul sito web di Greenwich Mean Time. GMT è essenzialmente la stessa cosa dell'UTC.

10. Nella casella di testo Formato data, inserisci il formato in cui desideri che la

data venga visualizzata nel tuo sito web. Questa impostazione determina lo stile della visualizzazione della data. Il formato predefinito è già selezionato e visualizzato: F j, Y (F = il nome completo del mese; j = il giorno a due cifre; Y = l'anno a quattro cifre), che fornisce l'output della data. Questo formato di data predefinito mostra la data in questo modo: 16 febbraio 2021. Seleziona un formato diverso facendo clic sul cerchio a sinistra dell'opzione. È inoltre possibile personalizzare la visualizzazione della data selezionando l'opzione Personalizza e immettendo il formato preferito nella casella di testo fornita. Se ti senti avventuroso, puoi scoprire come personalizzare il formato della data facendo clic sul collegamento

"Documentazione" sulla formattazione di data e ora tra le opzioni di data e ora.

11. Nella casella di testo Formato ora, immetti il formato in cui si desidera visualizzare l'ora nel sito Web. Questa impostazione è lo stile della visualizzazione dell'ora. Il formato predefinito è già inserito per te: `g: ia` (g = l'ora a due cifre; i = il minuto a due cifre; a = minuscolo come am o pm), che ti dà l'output di 12:00 am. È inoltre possibile personalizzare la visualizzazione della data selezionando l'opzione Personalizzata e inserendo il formato preferito nella casella di testo fornita. È possibile formattare l'ora e la data in diversi modi.

12. Dal menu a discesa, scegli il giorno in cui inizia la settimana nel calendario. Se scegli di visualizzare un calendario,

puoi selezionare il giorno della settimana con cui desideri che inizi il calendario.

13. Imposta la preferenza della lingua del sito. Il menu a discesa Lingua del sito offre diverse opzioni di lingua tra cui scegliere. L'impostazione predefinita è l'inglese; tuttavia, il software WordPress è disponibile in circa 45 lingue diverse. Se il tuo sito web deve essere in spagnolo, utilizza il menu a discesa qui per cambiare da inglese a spagnolo. Fai clic sul pulsante Salva modifiche nella parte inferiore di qualsiasi pagina in cui si impostano nuove opzioni. Se non fai clic su Salva modifiche, le tue impostazioni non vengono salvate e WordPress torna alle opzioni precedenti. Ogni volta che fai clic sul pulsante "Salva modifiche", WordPress ricarica la pagina corrente,

visualizzando le nuove opzioni che hai appena impostato.